VIOLINO.

DUO.

Allegro moderato.

L. Spohr, Op. 13.

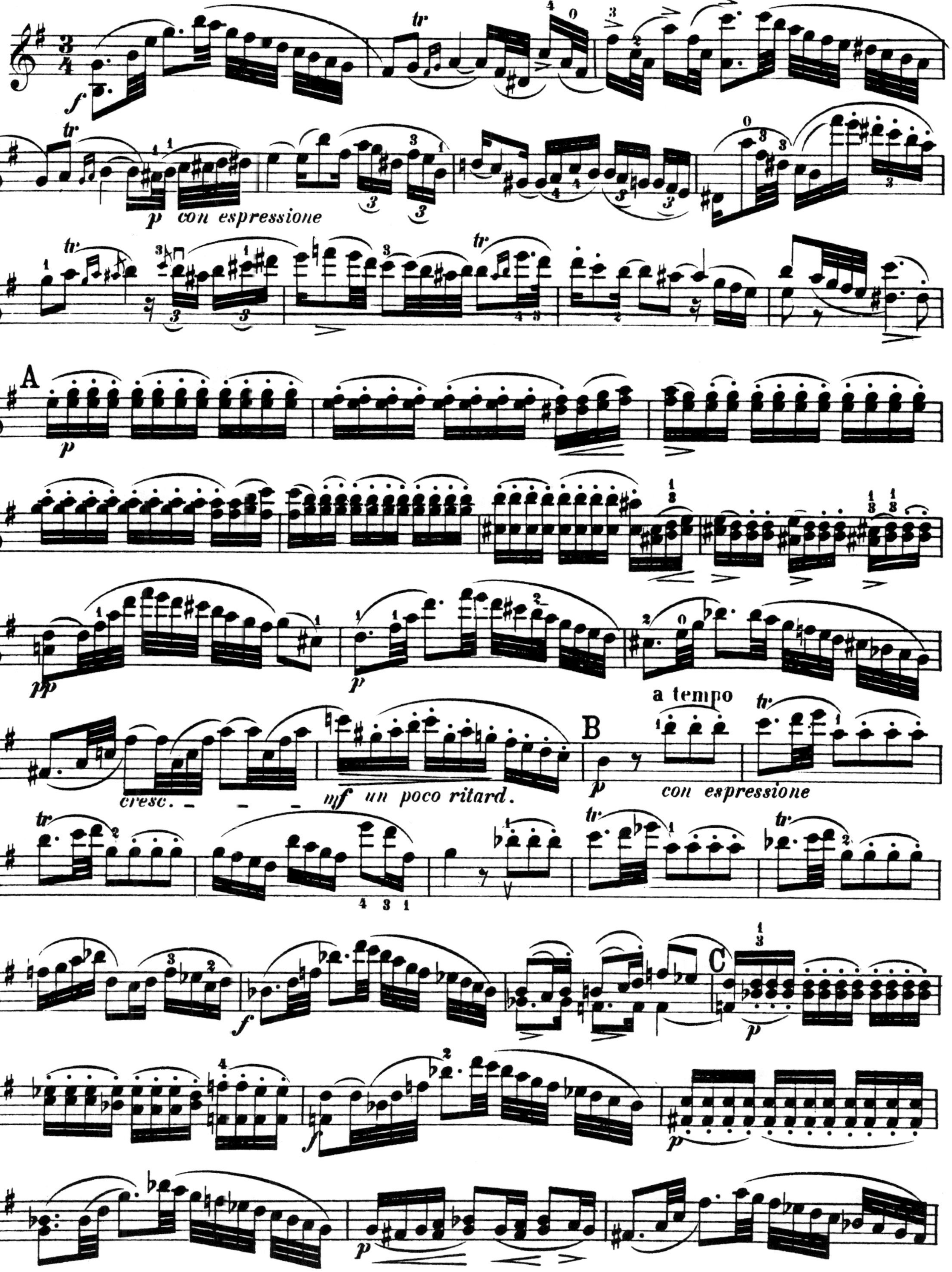

BELWIN MILLS PUBLISHING CORP.

Adagio.
mf
dolce
tr
4 tr
p
A
3za corda
tr tr tr
p
B
f p
cresc. mf
p
tr tr tr
p
tr
C
mf
pp
dolce
tr tr tr
tr

Louis

SPOHR

DUET

Opus 13

VIOLA

K 04661

VIOLA.
DUO.

Allegro moderato.

L. Spohr, Op. 13.

p
pp
diminuendo D
f
pp
f p p
f
1. 2.
dimin.
pp tr
f
tr
f
f tr

VIOLA.

VIOLA.

6
VIOLA.
Adagio.
mf
A
B
f
cresc.
f
tr
p
C
mf
p
pp
D
mf
tr
f
cresc.
mf
p
E
p
pp
p

Tempo di Menuetto.

VIOLA.
pp
f
K
L
p
mf
M
f
p
cresc.
f
N
p
tr
O
f
p
pp
P
p
pp
mf
f
p

D
E
Tempo di Menuetto.
dolce
cresc. _ _ _ _ mf
A
B²
tr

K
f
L
mf
p
3 3
M
f
p
tr
2
cresc. — f
II dolce
tr
tr
mf
2
2
tr
2
p
4
f
N
V
pp
4
O
f
p
P
p
pp
3
tr
tr
tr
tr
p
4
f
p p pp
Fine.